Mi biblioteca de ciencias

Corre, nada, vuela

Julie K. Lundgren

Editora científica:
Kristi Lew

ROURKE PUBLISHING

www.rourkepublishing.com

Editora científica: Kristi Lew

Antigua maestra de escuela secundaria con una formación en bioquímica y más de 10 años de experiencia en laboratorios de citogenética, Kristi Lew se especializa en hacer que la información científica compleja resulte divertida e interesante, tanto para los científicos como para los no científicos. Es autora de más de 20 libros de ciencia para niños y maestros.

www.rourkepublishing.com

Photo credits:
Cover © Mark Beckwith, Andrei Nekrassov, Hugh Lansdown; Cover logo frog © Eric Pohl, test tube © Sergey Lazarev; Page 3 © Monkey Business Images; Page 5 © mlorenz; Page 7 © Kirsanov; Page 9 © Mark Beckwith; Page 11 © kostudio; Page 13 © Jeff Banke; Page 15 © John Carnemolla; Page 17 © Rich Carey; Page 19 © Andrei Nekrassov; Page 20 © SINITAR; Page 22 © Mark Beckwith, SINITAR, mlorenz; Page 23 © Kirsanov, John Carnemolla, Andrei Nekrassov

Editora: Kelli Hicks

Cubierta y diseño de página de Nicola Stratford, bdpublishing.com
Traducido por Yanitzia Canetti
Edición y producción de la versión en español de Cambridge BrickHouse, Inc.

Library of Congress Cataloging-in-Publication Data

Lundgren, Julie K.
 Corre, nada, vuela / Julie K. Lundgren.
    p. cm. -- (Mi biblioteca de ciencias)
 Includes bibliographical references and index.
 ISBN 978-1-61741-720-7 (Hard cover) (alk. paper)
 ISBN 978-1-61741-922-5 (Soft cover)
 ISBN 978-1-61236-897-9 (Soft cover - Spanish)
 1. Animal locomotion--Juvenile literature. I. Title.
 QP301.L86 2012
 573.7'9--dc22
                                        2011938841

Rourke Publishing
Printed in the United States of America,
North Mankato, Minnesota
091911
091911MC

ROURKE
PUBLISHING

www.rourkepublishing.com - rourke@rourkepublishing.com
Post Office Box 643328 Vero Beach, Florida 32964

Los niños brincan, corren y gatean. ¿Cómo se mueven los animales?

Algunos animales **vuelan**.
Las aves vuelan.

Los murciélagos vuelan.
Ellos vuelan de **noche**.

Algunos animales corren.
Los **guepardos** corren.

Los perros también corren.

Algunos animales brincan.
Los conejos brincan.

Los **canguros** brincan.

Algunos animales nadan.
Los peces nadan.

Los **pingüinos** también nadan.

¿Quién se **trepa**? ¿Quién se columpia? Los animales se mueven de muchas maneras.

1. Menciona algunas maneras en que se mueven los animales.

2. ¿Pueden volar todas las aves?

3. ¿De cuántas maneras diferentes te mueves tú?

Glosario ilustrado

canguros:
Estos grandes animales viven en Australia y brincan fácilmente con sus fuertes patas traseras.

guepardos:
Grandes felinos moteados que viven en algunas partes de África y Asia. Son los animales más rápidos de la tierra.

noche:
Momento de oscuridad entre el ocaso o puesta del sol y el amanecer o salida del sol.

pingüinos:
Estas aves no voladoras viven cerca de los océanos fríos y nadan para atrapar la comida.

se trepa:
Subirse o encaramarse a un árbol o lugar alto. Un animal se mueve hacia arriba agarrándose y tirando con las patas delanteras y empujando con sus patas traseras.

vuela:
Los animales baten sus alas y remontan el vuelo. Se elevan del suelo.

Índice

Sitios en la Internet

www.animalfactguide.com

www.buildyourwildself.com

www.inaturalist.org

Acerca de la autora

Julie K. Lundgren creció cerca del Lago Superior, donde le gustaba pasar tiempo en el bosque, recoger bayas y ampliar su colección de rocas. Su interés en la naturaleza la llevó a graduarse de biología. Hoy vive en Minnesota con su familia.